Lisa Shoemaker

Von Falafel bis Zimtschnecke

DAS BIBELKOCHBUCH FÜR KINDER

Mit Illustrationen von Evi Gasser

DEUTSCHE BIBELGESELLSCHAFT

Inhaltsverzeichnis

DIE VORSPEISEN

DIE HAUPTSPEISEN

DIE BEILAGEN

DIE NACHSPEISEN

ANHANG

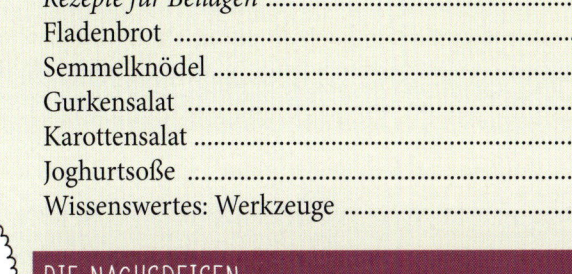

Einführung

Wenn ihr das erste Mal kocht, braucht ihr einen erwachsenen Assistenten oder eine – natürlich auch erwachsene – Assistentin, sprich eure Eltern oder Großeltern oder auch eine Tante oder einen Onkel. Habt Verständnis für sie. Sie sorgen sich, dass ihr euch schneidet oder die Küche abfackelt.

Sobald ihr

▶ gut mit einem Messer umgehen könnt,

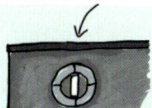

▶ wisst, wo man den Herd abstellt,

▶ KEIN Wasser in eine Pfanne gebt, wenn daraus Flammen schlagen (Flammen erstickt man, indem man einen Deckel darüberlegt),

▶ brav Topflappen benutzt, wenn ihr etwas Heißes anfasst,

könnt ihr sie bitten, sich in Rufweite ins Wohnzimmer zu setzen und ein gutes Buch zu lesen oder auf dem Handy rumzudaddeln.

Und ruft sie, wenn ihr sie braucht. Dadurch lernen sie, dass sie euch vertrauen können.

Lest das Rezept durch, bevor ihr anfangt zu kochen. Dann seht ihr auch, ob ich euch bei bestimmten Schritten Hilfe empfehle. Ihr könnt eure Assistenten dann schon mal seelisch vorbereiten, dass ihr später Hilfe gebrauchen könntet.

Eine Schürze müsst ihr euch nicht umbinden, vielleicht aber alte oder peinliche Klamotten anziehen. Es sieht euch ja (fast) keiner und niemand ist traurig, wenn ihr die einsaut.

9

Ein Wort zum Würzen, auch Abschmecken genannt

Geschmäcker sind bekanntermaßen verschieden. Und auch mein Geschmack unterscheidet sich von eurem. Wenn ihr würzt, könnt ihr mit weniger anfangen, als ich euch vorschlage.

Probiert. Schmeckt noch nicht? Nehmt mehr. Aber immer in kleinen Schritten, denn manchmal braucht es nur eine kleine Menge, eine sogenannte Prise. Und immer wieder probieren. Dann lernt ihr Unterschiede schmecken. Denkt dran, es muss EUCH schmecken. Ich werde nicht zum Essen kommen, wenn ihr kocht.

Ihr könnt auch gerne kreativ sein und Neues ausprobieren.
Aber macht das immer mit einer kleinen Portion, die ihr abzweigt.
Denn wenn sich herausstellt, dass es keine gute Idee ist, habt ihr nicht gleich das ganze Essen verdorben.

Messer testen

Um zu testen, ob ein Messer halbwegs gut schneidet,
probiert ihr es an einer Tomate aus. Wenn es ohne Drücken
durch die Tomate schneidet, dann ist das Messer okay.

Apropos Tomaten: Die gab es nicht im Vorderen Orient, als die
Bibel geschrieben wurde. Wir kochen hier nur mit Lebensmitteln,
die in der Bibel vorkommen oder von denen wir wissen, dass sie
damals schon in Gebrauch waren.

Die Mengenangaben

Die Portionen sind so ungefähr für 4 Personen berechnet.

SO UNGEFÄHR!?! Ja, denn ich kenne euren Appetit nicht.
Seid ihr Vielfraße oder macht Papa gerade Diät? Keine Ahnung.
Und natürlich serviert ihr zum Fisch oder zum Huhn etwas dazu.
Zum Beispiel das Couscous, mit oder ohne Gemüse.
Oder ihr habt vorher die Mangoldsuppe als Vorspeise gegessen.
Dann reicht der Gurkensalat.

Kochen in biblischer Zeit

Vor langer Zeit gab es Menschen, die mit ihren Viehherden umherzogen, immer auf der Suche nach dem besten Weideland. Sie lernten, wo im Frühjahr frisches, essbares Grün wuchs, wo im Sommer Bäume mit Früchten waren, wo man im Herbst Oliven ernten konnte.

Während ihrer Wanderungen begannen sie mehr und mehr den Zusammenhang von Samen und Pflanzen zu verstehen. Sie lernten das Säen und Ernten und begannen das Futter für ihr Vieh und auch Pflanzen, aus denen sie sich selbst ein Essen zubereiten konnten, anzupflanzen.

Einer der ersten Orte, an dem die Menschen sesshaft wurden, ist nicht weit von der Gegend, wo später die Israeliten lebten: in Mesopotamien, dem Zweistromland zwischen den Flüssen Eufrat und Tigris. Heute ist dort das Land Irak.

Was es damals in der Gegend nicht gab, waren Tomaten, Paprika, Kartoffeln, grüne Bohnen und Mais. Die stammen nämlich aus Amerika und kamen erst nach Europa und Asien, nachdem Amerika entdeckt worden war.

In der Bibel findet ihr diese Aufteilung zwischen denen, die sich um das Vieh kümmerten, und denen, die Ackerbau betrieben, bei Kain und Abel, den Söhnen von Adam und Eva.

Kain ist der Bauer und Abel der Hirte. Und Kain ist neidisch, weil die Opfergaben seines Bruders Abel, die Tiere, mehr geschätzt werden, als seine, die Früchte des Feldes. Deswegen erschlägt er ihn.

Der Einkauf

Die Lebensmittel, die ihr für die Rezepte braucht, könnt ihr auf dem Markt, beim Gemüsehändler oder auch im Supermarkt einkaufen. Ich war als Kind dafür zuständig, für die Familie Obst einzukaufen. Ich ging weder zum Supermarkt – 50 m nach rechts – noch zum Gemüsehändler – 50 m nach links, sondern lief zwei Blocks zu einer anderen Gemüsehändlerin, die richtig nett war. Sie bediente mich genauso zuvorkommend wie alle anderen Kunden und hat mich nie übersehen. Ich durfte immer probieren und sie packte nach dem Abwiegen zum Beispiel noch eine Handvoll Kirschen oben drauf. Da hat das Einkaufen richtig Spaß gemacht. Ich hoffe, ihr findet auch eine solche Händlerin, ich habe viel über Obst von ihr gelernt.

Besondere Zutaten wie Tahin oder Couscous, die ihr vielleicht noch nicht so gut kennt, bekommt ihr im Bioladen oder auch in Drogerieläden, die haltbare Lebensmittel führen. Aber auch immer mehr große Supermärkte haben spezielle Abteilungen, wo ihr fündig werdet. Oder natürlich in türkischen oder arabischen Geschäften, die es mittlerweile meist auch in kleineren Städten gibt.

Bioprodukte und regionale Zutaten schmecken oft besser als Lebensmittel, die in fernen Ländern geerntet worden sind und dann mit dem Flugzeug oder Lkw hierher transportiert werden mussten. Und nicht zuletzt sind sie deswegen natürlich auch besser für unsere Umwelt.

Wenn du unsicher bist, bitte einen deiner Assistenten, dich zum ersten Einkauf zu begleiten. Auch sie werden etwas davon haben, wenn du etwas richtig Leckeres kochst.

DIE VORSPEISEN

Das Linsengericht

1.Mose/Genesis 27–33

Esau und Jakob, die beiden Söhne von Isaak und Rebekka, waren Zwillingsbrüder. Esau wurde zuerst geboren und war damit der Erbe seines Vaters Isaak. Er war dessen Liebling, darum beneidete Jakob seinen Bruder, obwohl er von seiner Mutter Rebekka bevorzugt wurde.

Eines Tages geschah es, dass Esau hungrig von der Feldarbeit kam, die lecker duftende Linsensuppe roch, die Jakob gerade kochte, und davon essen wollte. Jakob wollte ihm aber nur etwas abgeben, wenn Esau ihm dafür das Erstgeburtsrecht überließ. Esau war offensichtlich ziemlich hungrig und willigte schnell ein. Er nahm das Ganze nicht so ernst.

Einige Zeit später glaubte der inzwischen alte und blinde Isaak, dass sein Ende nahe sei, und wollte seinen Erstgeborenen segnen. Für diesen Anlass bat er Esau, auf die Jagd zu gehen und ihm ein Wildgericht zu kochen. Rebekka, die Mutter der Zwillinge, hörte das. Sie schlachtete zwei Zicklein, die ähnlich schmackhaft sind wie Wild. Ihren Lieblingssohn Jakob hüllte sie in die Kleidung Esaus und bedeckte ihn dort, wo die Haut noch nackt war, mit dem Fell der geschlachteten Ziegen, denn Esau war ziemlich behaart.

Jakob brachte dem Vater das Essen. Als dieser jedoch Jakobs Stimme hörte, wurde er misstrauisch. Er bat seinen Sohn näher zu treten, damit er ihn berühren könne. Er strich über das Fell, roch die Kleidung Esaus und fiel auf den Betrug herein. Jakob bekam den Segen, der eigentlich Esau zustand. Als die Sache aufflog, wurde Esau wütend und schwor, seinen Bruder umzubringen, sobald der Vater gestorben wäre. Rebekka bekam Angst um Jakob und schickte ihn fort.

Auf der Flucht begegnete Jakob Rahel, die für ihren Vater die Schafe hütete. Er verliebte sich sofort in sie. Mit ihrem Vater handelte er aus, dass er sie heiraten dürfte, nachdem er ihm sieben Jahre lang gedient hätte. Jetzt jedoch wurde Jakob hereingelegt. Die schöne Rahel hatte nämlich eine weniger beliebte Schwester, die hieß Lea. Und weil damals die Bräute bei der Hochzeit verschleiert waren, bemerkte Jakob seinen Irrtum erst, als es zu spät war.

Er hatte die Schwester seiner geliebten Rahel geheiratet. Doch zu biblischen Zeiten gab es keine Monogamie, also kein Gesetz, dass man nur mit einer Person verheiratet sein kann. So durfte er dann auch Rahel heiraten, aber erst, nachdem er versprochen hatte, ihrem Vater nochmals sieben Jahre zu dienen.

Mit seinem Bruder Esau hat er sich übrigens später versöhnt. Esau hatte ebenfalls hart gearbeitet und sich auch ohne das Erbe ein eigenes Leben aufgebaut. Und der Zorn auf seinen Bruder war verflogen.

Tahin, Couscous und Bulgur

Besondere Zutaten, die ihr in türkischen und arabischen Geschäften findet, aber auch im Bioladen.

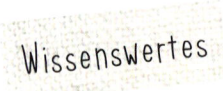

Tahin

Tahin ist ein Sesammus. Im Bioladen findet ihr es mit oder ohne Salz, aus geschälten oder ungeschälten Sesamkörnern. Das ungeschälte Mus ist dunkler und bitterer. Für Tahin-Anfänger würde ich das helle, geschälte empfehlen. Das Öl, das sich auf dem Mus angesammelt hat, könnt ihr einfach mit einem Löffel in das Mus rühren. Tahin ist eine wichtige Zutat für Hummus, es schmeckt lecker in Joghurt gemischt oder ihr könnt es für eine cremige, vegane Salatsoße verwenden.

Couscous und Bulgur

Couscous kommt aus Nordafrika, Bulgur aus den Staaten am östlichen Mittelmeer. Beide Produkte sind aus Weizen. (Sie enthalten also auch Gluten. Gluten ist nichts Schlimmes, allerdings gibt es Menschen, die es nicht vertragen. Wenn ihr solche Gäste habt, nehmt stattdessen Hirse. Sie sieht so ähnlich aus und schmeckt auch sehr gut.) Der Unterschied ist folgender: Couscous ist eine sehr kleine Nudel, während Bulgur aus Weizenkörnern besteht, die meist zerkleinert sind. Beide Produkte könnt ihr gut als Ersatz für Nudeln oder Reis einsetzen.

REZEPTE FÜR VORSPEISEN

Linsensuppe mit Mangold und Zitrone

Hierfür braucht ihr:

Olivenöl

2 Zwiebeln

2 Bund Mangold (ca. 800 g)

2–4 Zehen Knoblauch

1 Bund Koriander

(wer keinen Koriander mag, nimmt Petersilie)

1 TL Koriandersamen, gemörsert oder gemahlen

250 g gelbe oder rote Linsen

Salz und Pfeffer

2 Zitronen (oder nach Geschmack)

1,5 l Wasser

Als Erstes schwitzt ihr die Zwiebeln an. Das solltet ihr bei den meisten Rezepten machen, wo mit Zwiebeln gekocht wird. Und wenn ihr es so wie hier beschrieben macht, müsst ihr nicht oft rühren, sondern könnt euch schon um die nächsten Schritte kümmern.

Beim Knoblauch schreibe ich meistens „von bis", also hier 2–4 = „von 2 Zehen bis 4 Zehen". Es kommt darauf an, wie gern ihr Knoblauch mögt und/oder wie groß die Zehen sind.

Schält und würfelt die Zwiebeln. Schwitzt sie in Olivenöl bei geringer Hitze in einem Suppentopf mindestens 10 Minuten an. Dabei werden sie glasig, aber nicht braun. Wenn sie doch bräunen, schaltet die Platte noch weiter herunter.

Während die Zwiebeln vor sich hin schwitzen, wascht den Mangold und trennt die Blätter von den Stielen. Die Hälfte der Stiele würfeln, also je nach Dicke mehrmals längs in Streifen schneiden, dann quer würfeln. Zu den Zwiebeln geben. Dann die Blätter kleinschneiden und beiseitestellen.

Den Knoblauch reiben und in den Topf geben.

Frischen Koriander (oder die Petersilie) waschen, Blätter von den Stielen trennen, die Stiele feinhacken und hinzufügen. Die Blätter NICHT mitkochen, die könnt ihr später über die Suppe streuen.

Mit Salz, Pfeffer und Koriandersamen würzen.

Linsen in den Topf geben, mit anbraten, dann mit dem Wasser auffüllen.

Zum Kochen bringen, dann Topf bedecken und etwa 30 Minuten kochen, bis die Linsen gar sind und anfangen zu zerfallen.

Mangoldblätter und Zitronensaft dazugeben, weitere 5 Minuten kochen.

Abschmecken und mit den frischen Kräutern dekorieren.

Falafel

Die einfachste Art, Falafel zu machen

Vielleicht kennt ihr die Falafelmischungen,
die ihr in Tüten im Bioladen kaufen könnt.
Sie schmecken oft recht langweilig.
Aber die gute Nachricht ist, ihr könnt sie aufpeppen!
Mischt sie, so wie es auf der Packung steht, mit Wasser,
aber dann gebt ihr folgende Zutaten dazu:

1 Bund gehackte Petersilie oder Koriander, oder eine Mischung von beidem
Ihr könnt auch etwas – ca. ½ TL – getrocknete Minze zusätzlich hinzufügen.
1 TL Kreuzkümmel
1 geriebene Knoblauchzehe
1 TL Abrieb von einer Bio-Zitrone
2 TL Zitronensaft

Gut mischen und ziehen lassen, wie es auf der Packung steht.
Dann gebt ihr ziemlich viel neutrales Öl in die Pfanne
(ein paar Millimeter hoch, fragt euren erwachsenen
Assistenten). Macht kleine flache Fladen aus der Masse –
sie sollten etwa gleich groß sein, damit sie gleichmäßig
garen – und bratet sie ca. 2–3 Minuten auf jeder
Seite. Fischt die Falafel mit einem Pfannenwender heraus.

Ihr könnt aber auch eure eigene Mischung machen:

Hierfür braucht ihr:

150 g (geröstetes) Kichererbsenmehl

140 g Wasser

1 geriebene Knoblauchzehe

4–6 EL gehackte Kräuter (nur eins oder eine Mischung aus Petersilie, Koriander, Dill, Minze, Schnittlauch)

½–1 TL Salz

Saft einer halben Zitrone

1 EL Olivenöl

½ TL Natron oder 1 TL Backpulver

1 TL gemahlener Kreuzkümmel

½ TL Baharat (das ist eine Gewürzmischung aus dem östlichen Mittelmeerraum) oder 1 TL gemahlener Koriander

Alles vermischen und 15 Minuten stehen lassen. Dann beidseitig in Öl braten, wie links in Version 1 beschrieben.

Ihr könnt einen Probefalafel braten.
Zerfällt er? Dann nehmt mehr Mehl!
Ist er zu trocken? Dann gebt etwas Wasser hinzu.
Schmeckt er langweilig? Dann braucht ihr mehr Gewürze.

Wassermelonen-Feta-Salat

Hierfür braucht ihr:
Wassermelone
1 dicke Scheibe Feta (200 g)
5 EL Olivenöl
2 EL Balsamico oder Rotweinessig
½ TL Salz
Pfeffer
Minze

Wenn ihr eine Wassermelone zerkleinern möchtet, halbiert sie erst einmal. Vielleicht bittet ihr euren Assistenten, euch dabei zu helfen. So eine Wassermelone ist groß und kullert herum.

Besser kann man schneiden, wenn etwas flach auf dem Brett liegt. Mit der halbierten Melone klappt das.

Schneidet dicke Scheiben von der Wassermelone ab, ca. 3 cm dick. Für jede Person rechnet ca. eine solche – halbe – Scheibe.

Entfernt die Schale rundum und würfelt dann das Fruchtfleisch. Die Würfel solltet ihr bequem in den Mund stecken können.

Bröselt eine Scheibe Feta darüber. Das reicht für 4 Personen.

Zusätzlich könnt ihr hineingeben:
fein geschnittene Frühlingszwiebeln oder rote Zwiebeln
schwarze, schrumpelige Oliven (Kalamata Oliven)
Rucola
Mandelsplitter

Macht ein Dressing aus 5 EL Olivenöl, 2 EL Balsamico, ½ TL Salz und 10 Umdrehungen aus der Pfeffermühle. Schneidet die Minze klein. Dazu müsst ihr sie von den Stielen abzupfen. Petersilienstängel kann man essen, die von der Minze nicht.

Mischt alles.

Zu sauer? Mehr Öl, mehr Käse oder mehr Wassermelone.

Hummus

Ihr könnt Kichererbsen aus der Dose/dem Glas nehmen

oder

getrocknete Kichererbsen selber kochen. Das dauert aber recht lange.
Auf den Packungen steht meist 45 Minuten, aber glaubt dem nicht.
Es kann auch viel länger dauern. Wie ihr wisst, ob sie noch länger
brauchen? Ganz einfach: Probiert eine. Sie sollte angenehm weich sein.
Zerbeißen könnt ihr sie bestimmt, das ist kein Kriterium.

TIPP: Es geht schneller, wenn ihr einen Teelöffel Natron ins Kochwasser gebt.

Den Knoblauch reibt ihr am besten auf einer feinen Reibe. Das ergibt dann eine Art Mus. Das ist praktisch, wenn man den Knoblauch roh verwendet.

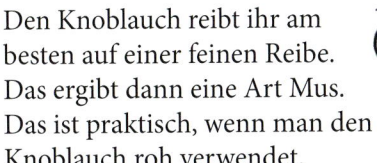

Vermischt alle Flüssigkeiten und eine Handvoll Kichererbsen. Püriert das und gebt nach und nach die restlichen Kichererbsen dazu. Das geht leichter, als wenn ihr alle Kichererbsen auf einmal püriert.

Wenn alles glatt püriert ist, würzt ihr. Fertig.

Ein Tipp für das Kochen von Hülsenfrüchten: Am Vortag einweichen, dann kochen, bis sie weich sind, egal, was auf der Packung steht.

Übrigens, andere Hülsenfrüchte, also verschiedene Bohnensorten, Erbsen und Linsen, kocht man ganz genauso. Bis sie weich sind. Egal wie lange es dauert. Von allen Hülsenfrüchten sind Linsen am schnellsten weichgekocht.

Buntes Hummus:

Reibt eine gekochte rote Beete hinein, dann wird es pink.

Käsebällchen

Für die Käsebällchen könnt ihr Feta nehmen, aber auch den Käse, der im Supermarkt als „Hirtenkäse" verkauft wird. Der wird so hergestellt wie Feta, ist aber nicht aus Schafmilch, sondern aus Kuhmilch.

10–12 Bällchen – kommt darauf an, wie groß ihr sie macht:
Für den Käse:
200 g Feta
2–3 EL Joghurt
2 TL Za'atar (Satar gesprochen),
das ist eine Mischung aus Sesam, Thymian und Salz

Krümelt den Feta, nicht zu fein, in eine Schüssel.

Gebt den Joghurt und das Za'atar dazu. Mischen.

Dann nehmt ein wenig von der Mischung, knetet sie kurz in der Hand und formt eine Kugel in der Größe einer Cherry-Tomate.

Zum Rollen

Gerösteter Sesam: Eine Edelstahlpfanne mit 3 EL Sesam über mittlerer Hitze aufwärmen, Sesamkörner darin schwenken, bis sie ein wenig nussig duften, aber nicht schwarz werden. Wenn ihr es eilig habt, müsst ihr den Sesam nicht rösten.

Sesam   Minze   Sumach

Streut diese Zutaten auf 3 Teller und rollt eure Bällchen darin.

Ihr könnt auch andere Kräuter nehmen. Bei Petersilie könnt ihr die Stängel mit hacken. Oder hackt Nüsse.

Serviert dazu Fladenbrot.

5 Zweige frische Minze: Zupft die Blätter vom Stängel und hackt die Blätter fein. (Fragt nach marokkanischer Minze, denn Pfefferminze schmeckt zu sehr nach Zahnpasta.)

2 EL Sumach: Das ist eine rote Beere, die getrocknet und zerkleinert wird.

Küchengeräte

Wenn ihr etwas mit einem Stabmixer püriert, gebt zuerst alle flüssigen Zutaten hinein. Wenn ihr z. B. Hummus macht: zuerst Öl, ein wenig Kochwasser oder etwas von dem Saft aus der Dose. Dann gebt ihr eine Handvoll Kichererbsen dazu und püriert das. Sobald ihr ein Püree habt, kommt die nächste Handvoll dazu. Das ist leichter, als alles auf einmal hineinzugeben. Nehmt zu Anfang nicht zu viel Flüssigkeit, sonst habt ihr im schlimmsten Fall Suppe.

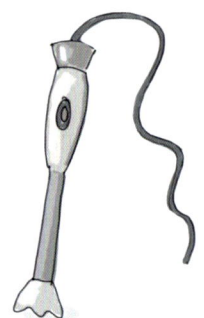

Eines meiner liebsten Küchengeräte ist die Vierkantreibe. Bestimmt habt ihr auch eine in eurer Küche, fragt eure Assistenten. Sie ist sehr praktisch. Allerdings benutze ich nur drei der vier Seiten. Der Hobel ist mir zu stumpf und deshalb zu gefährlich für die Finger. Wenn man zu doll drücken muss, damit Scheiben in die Schüssel fallen, kann man leicht abrutschen und sich verletzen. Für Gurken habe ich einen extra Gurkenhobel.

Die Reibe mit den kleineren Löchern ist gut für Käse, Knoblauch und Ingwer, die mit den größeren Löchern für Karotten, Kartoffeln, aber auch für Käse, wenn er nicht so fein sein muss, also wenn ihr etwas Überbacken wollt. Und dann gibt es noch die Reibe mit runden Löchern, die einen gezackten Rand haben. Die könnt ihr benutzen, um sehr harte Lebensmittel zu reiben, das Ergebnis ist ganz besonders fein. Ich benutze sie für hartes Brot, um Semmelbrösel zu machen, und für ganz fein geriebenen Parmesan.

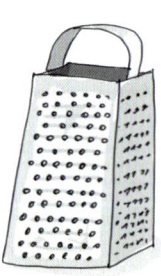

DIE HAUPTSPEISEN

Das Abendmahl

Matthäus 26,17-30

Es war die Woche vor dem Passafest, einem der wichtigsten Feste in der jüdischen Religion. Zu biblischen Zeiten wurde Passa in Jerusalem gefeiert. Von überall her pilgerten die Gläubigen nach Jerusalem, manche kamen sogar über das Meer.

Rund um die Stadt entstanden Zeltlager für die Leute, die nicht das Glück hatten, Familie oder Freunde in der Stadt zu haben. Es war also ganz schön was los. Auch Jesus kam mit seinen Jüngern zum Fest in die Stadt. Als Jesus an die Tore der Stadt kam, weinte er, denn er wusste bereits, was ihm bevorstand. Doch in der Stadt verehrten ihn die Menschen und jubelten ihm zu.

Am Tag des Seders – das ist das Festmahl, das das Passafest einläutet – bat Jesus seine Jünger Petrus und Johannes, in die Stadt vorauszugehen, um das Haus und das Mahl vorzubereiten. Er hatte einen Freund in der Stadt, der ihnen sein Haus zur Verfügung stellte.

Petrus und Johannes putzen erst den Raum, denn zu diesem Fest darf nirgends ein Krümel von gesäuertem Brot zu finden sein. Am Passafest feiern die Juden nämlich, dass Mose sie aus der Sklaverei aus Äypten herausgeführt hat. Dabei hatten sie es sehr eilig und konnten nicht warten, bis sich ein guter Sauerteig entwickelt hatte. Stattdessen backten sie Matzen aus ungesäuertem Teig. Deswegen ist es bis heute so, dass an Passa nur Matzen, also ungesäuertes Brot, gegessen wird.

Die Jünger kauften ein Lamm und brachten es zur Opferung in den Tempel. Dann kehrten sie in das Haus zurück und machten ein Feuer, denn für das Passafest durfte das Lamm nicht gekocht, sondern musste über den Flammen geröstet werden. Und sie backten die Matzen, dafür mahlten sie das Getreide in einem Mörser, kneteten den Teig und backten ihn anschließend auf einem heißen Stein über dem Feuer.

Schließlich gingen sie hinaus, um die bitteren Kräuter zu besorgen, die auch zur Sederfeier gehören. Wenn man sie isst, erinnert man sich daran, dass das Volk Israel 40 Jahre lang durch die Wüste wandern musste.

Jedes jüdische Fest beginnt mit dem Sonnenuntergang.

Jesus und seine Jünger versammelten sich am Abend zu Sederfeier. Jesus brach das Brot, wie es damals üblich war, und teilte es mit den Jüngern. „Denkt an mich, wenn ihr das Brot esst. Es ist mein Leib", sagte er. Dann nahm er den Kelch mit dem Wein, trank daraus und teilte auch den Wein mit den Jüngern. Er sagte: „Das ist mein Blut." Es war damals übrigens üblich, gemeinsam aus einem Gefäß zu trinken, es gab nicht für jeden einen eigenen Becher.

Das war das letzte Mal, dass sie beisammensaßen und aßen. In der Nacht wurde Jesus verhaftet.

Feuer

Die Wissenschaftler sind sich nicht einig darüber, seit wann die Menschen in der Lage sind, zu kochen. Und was heißt eigentlich „kochen"? Haben die Neandertaler, die vor fast 100.000 Jahren in Spanien lebten, gekocht, als sie Pinienzapfen ins Feuer warfen, damit diese aufplatzten und sie so leichter an die Kerne kamen? Oder die Menschen, die in Südafrika lebten, wo man aus der gleichen Zeit stammende, angekohlte Muscheln gefunden hat? Haben die Menschen das gemacht, weil sich die Muscheln und Pinienzapfen bei Hitze öffnen oder weil sie so besser schmecken?

Ganz klar gekocht haben die Menschen, als sie Gruben aushoben, diese mit frischen Tierhäuten auslegten und mit Wasser füllten. Daneben befand sich ein Feuer, in dem Steine erhitzt wurden. Diese legte man dann ins Wasser, sodass es anfing zu kochen.

Um das Jahr Null, als Jesus in Israel lebte, waren die Kochtechniken bereits so weit entwickelt, wie wir sie heute kennen. Natürlich gab es keine Elektrizität und damit keinen Elektroherd. Aber es gab einen Herd aus gemauerten Ziegelsteinen, in dem ein Feuer brannte. Und Töpfe aus Ton oder Metall und Öfen zum Backen. Fleisch wurde über der Glut geröstet – eigentlich genauso, wie wir es heute machen, wenn wir im Garten grillen.

REZEPTE FÜR HAUPTSPEISEN

Lamm mit Datteln

Ein Rezept, für das ihr etwas Zeit braucht

Wenn eure Eltern einen Römertopf haben, könnt ihr den für dieses Schmorgericht nutzen. Schmoren bedeutet, etwas ganz langsam bei relativ geringer Hitze in etwas Flüssigkeit zu garen. Dafür eignet sich besonders Fleisch, das man nicht kurzbraten kann. Durch das lange Schmoren wird das Fleisch ganz zart, sodass ihr es einfach mit einer Gabel zerteilen könnt.

Wenn eure Eltern keinen Römertopf haben, nehmt einen Topf oder eine große Pfanne mit gut schließendem Deckel.

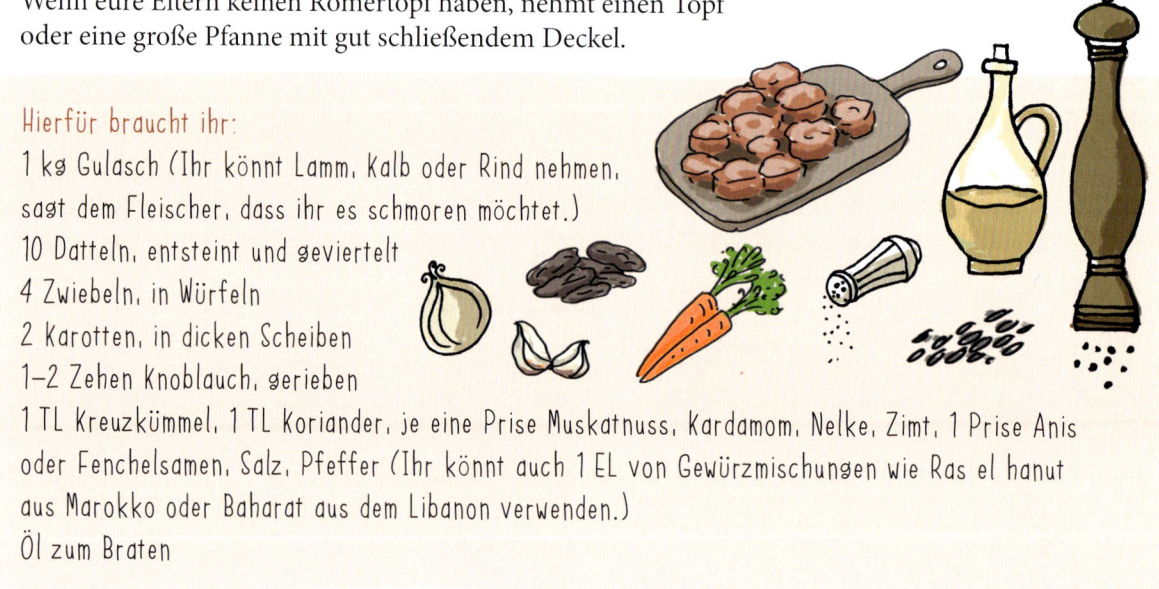

Hierfür braucht ihr:

1 kg Gulasch (Ihr könnt Lamm, Kalb oder Rind nehmen, sagt dem Fleischer, dass ihr es schmoren möchtet.)
10 Datteln, entsteint und geviertelt
4 Zwiebeln, in Würfeln
2 Karotten, in dicken Scheiben
1–2 Zehen Knoblauch, gerieben
1 TL Kreuzkümmel, 1 TL Koriander, je eine Prise Muskatnuss, Kardamom, Nelke, Zimt, 1 Prise Anis oder Fenchelsamen, Salz, Pfeffer (Ihr könnt auch 1 EL von Gewürzmischungen wie Ras el hanut aus Marokko oder Baharat aus dem Libanon verwenden.)
Öl zum Braten

Falls ihr den Römertopf benutzt, müsst ihr ihn wässern, das heißt, er muss komplett unter kaltem Wasser sein, mindestens 20 Minuten.

Die Gewürze in das Lammfleisch einmassieren und einziehen lassen. Derweil die Zwiebeln in Öl in einer großen Pfanne glasig braten. Schau auf S. 23 nach, wie das geht.
Zwiebeln aus der Pfanne entfernen und nun das Fleisch darin anbraten. Zwiebeln, Knoblauch und Karotten hinzufügen.

Im Topf/in der Pfanne auf dem Herd

Mit einem halben Liter Wasser auffüllen, Deckel drauf und ca. 1 Stunde bei geringer Hitze schmoren lassen. Zwischendurch gelegentlich prüfen, ob ausreichend Flüssigkeit im Topf ist.

Dann Datteln zum Fleisch geben und mindestens eine halbe Stunde weiter schmoren.

Prüfen, ob das Fleisch gar ist, also ein Stück Fleisch mit einer Gabel zerteilen und probieren. Falls es sich nicht mit der Gabel zerteilen lässt, weiter schmoren.
Abschmecken: mit Salz und Pfeffer.

Im Römertopf im Ofen

Die angebratenen Zutaten in den gewässerten Römertopf füllen und in den kalten Ofen schieben. Die Temperatur auf 180 °C einstellen. Im Ofen braucht es länger.
Nach anderthalb Stunden nachsehen und die Datteln dazugeben. Insgesamt braucht das Fleisch ca. 2 Stunden im Ofen.

Zitronenhuhn

Für 4 Personen braucht ihr:
2 Hühnerschenkel, also Unter- und Oberschenkel in einem Stück
Olivenöl
1 große Zitrone
Salz und Pfeffer

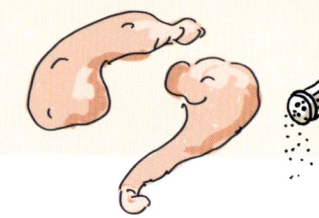   

Kauft Hühnerschenkel, nicht Hühnerbrust, da das Fleisch lange im Ofen sein muss und die Hühnerbrust dann trocken werden würde.

Vielleicht bittet ihr euren Assistenten für den nächsten Schritt dazu. Wenn ihr ganze Schenkel habt, solltet ihr sie teilen. Das macht ihr, indem ihr im Knie, also da, wo der Knick ist, mit einem Messer reinschneidet, bis ihr den Knochen spürt. Messer weglegen und den Schenkel in die Hand nehmen.

Vorsicht, der ist ein bisschen glitschig, weil er fettig ist. Jetzt biegt ihn in die Gegenrichtung, also entgegengesetzt zum Knick, und zwar so lange und so fest, bis es Knacks macht, d.h. ihr habt das Hühnerkniegelenk ausgekugelt. Jetzt könnt ihr ohne Probleme mit dem Messer den Unterschenkel vom Oberschenkel trennen.

Eine Auflaufform nehmen, etwas Olivenöl hineingeben und verteilen. Das könnt ihr mit den Händen machen oder einem Küchenpinsel.

Dann presst ihr eine Zitrone aus. Den Saft verteilt ihr über die Hühnerstücke. Dann kommt die Pfeffermühle zum Einsatz, zwei oder drei Umdrehungen pro Stück Fleisch.

Jetzt für jedes Stück eine Prise Salz. Haltet eure Hand möglichst hoch über das Stück Huhn, dann verteilt sich das Salz gleichmäßiger.

Jetzt macht ihr den Ofen an, auf 150 °C Umluft oder auf 170 °C Ober-Unterhitze (lasst euch das von euren Assistenten zeigen), und schiebt die Form hinein.

1 Stunde brutzeln lassen.

Dann die Haut mit einer Mischung aus Wasser und Salz bestreichen.

Schaltet jetzt für 10 Minuten den Grill ein, damit die Haut schön knusprig wird.

Serviert es mit Couscous und Gurkensalat.

Selbstgemachte Fischstäbchen

Fischstäbchen gab es zu biblischen Zeiten definitiv nicht. Aber Fisch, Brot und Eier schon.

Für die Fischstäbchen braucht ihr:
500–600 g weißes Fischfilet
Zitrone
Zum Panieren müsst ihr 3 Teller vorbereiten:
gewürztes Mehl (Salz und Pfeffer)
geschlagenes Ei
Semmelbrösel

Wichtig ist, dass man nicht mit den Panadezutaten spart: Das Mehl trocknet die Oberfläche des Fischs oder Fleischs und sorgt gleichzeitig dafür, dass das Ei gut haftet.

Der Fisch muss gut mit Ei bedeckt sein, um dann die Semmelbrösel aufzunehmen.

Spart man mit dem Ei, dann haften die Semmelbrösel ungleichmäßig und die Panade wird einfach nicht schön durchgängig knusprig und blättert leichter ab.

Fischfilets in Streifen schneiden. Trocken tupfen.

Eventuell bereitstellen: eine Schüssel mit kaltem Wasser, denn wahrscheinlich klebt gleich Panade an den Fingern, die man sich dann darin abspülen kann.

1. Den Fisch in den Teller mit Mehl legen, etwas darauf drücken. Wenden – oder Mehl von oben darauf häufen –, ebenfalls andrücken.

2. Beide Seiten durchs Ei ziehen.

3. In den Semmelbröseln wenden, aber die Semmelbrösel nicht andrücken.

Großzügig Öl in die Pfanne gießen. Erhitzen.

Das Fett ist heiß genug: Wenn ihr ein Holzstäbchen auf den Boden der Pfanne stellt und sich rundherum Bläschen bilden.

Wichtig beim Kurzbraten: Legt die einzelnen Stücke nicht zu dicht aneinander. Und legt nicht zu viele auf einmal in die Pfanne.

Wenn das Fett heiß ist, nie etwas aus der Höhe hineinfallen lassen. Das würde spritzen und ihr könntet euch verbrennen.

In heißem Fett 3–4 Minuten ausbacken. Auf Küchenkrepp abtropfen.

Mit Zitronenschnitzen servieren. Oder was auch immer ihr gern zu den Fischstäbchen esst.

Dinkellasagne mit Spinat und Pilzen

Wenn ihr keine Lasagne-Platten dahabt, aber unbedingt den Auflauf machen wollt, könnt ihr normale Nudeln nehmen, die müssen aber gekocht sein. Und dort, wo im Rezept steht: „legt eine Schicht Lasagne-Platten", da nehmt ihr einfach eine Schicht gekochte Nudeln.

Hierfür braucht ihr:

1 Packung Lasagne-Platten (250 g)

250 g Champignons

Butter zum Braten

250 g Tiefkühl-Blattspinat, aufgetaut

100 g Parmesan

1 Mozzarella und Butter zum Überbacken, Petersilie

Für die Béchamelsoße:

60 g Butter

3 gehäufte EL Mehl

0,5–0,6 l Milch

Muskat, Salz und Pfeffer, Zitronensaft

Zerlasst die Butter bei niedriger Hitze. (Vorsicht, wenn die Kochplatte zu heiß ist, wird die Butter schnell braun, das wollen wir vermeiden.) Mehl hinzufügen und mit dem Schneebesen unterrühren. Das ergibt eine Paste.

Jetzt langsam, LANGSAM, die Milch unterrühren, d. h. ihr gebt einen Schluck Milch dazu, rührt, bis die Creme im Topf glatt ist, dann wieder einen Schluck dazu, rühren, glatt, Milch, rühren, glatt ... bis die Milch aufgebraucht ist. Mit Salz, Pfeffer, Muskat und etwas Zitronensaft abschmecken.

Falls die Soße zu dick ist, gebt noch mehr Milch dazu. Falls die Soße zu dünn ist, verknetet ein bisschen Butter mit etwas Mehl, senkt den Kloß in die Soße und verrührt ihn.

250 g Champignons in Scheiben schneiden, in Butter anbraten und zum Schluss mit Petersilie bestreuen.

Und/oder 250 g Blattspinat auftauen, salzen und pfeffern. Ihr könnt Spinat und Pilze durch andere gekochte Gemüsesorten ersetzen.

Lasagne bauen

Den Ofen vorheizen, wie es auf der Lasagne-Packung steht. Nehmt die Auflaufform und buttert sie aus.

Gebt etwas Béchamelsoße hinein, legt eine Schicht Lasagne-Platten darauf, die ihr mit einer Schicht Gemüse bedeckt. Etwas Soße auf das Gemüse.
Nun wieder eine Schicht Platten, das nächste Gemüse und geriebenen Parmesan, Soße, Platten, Gemüse, Parmesan und Soße, bis alles Gemüse aufgebraucht ist.
Zuoberst kommt eine Lage Lasagne-Platten, darauf etwas Soße und auf der verteilt ihr den geriebenen Mozzarella, den Rest Parmesan und Butterflöckchen.

Ab in den Ofen für 35–45 Minuten bei 180 °C.

Gemüse-Couscous

Zutaten für 4 Personen (ca. 1,2 kg Gemüse):
4 kleine Zwiebeln
3 Möhren
2 Auberginen
Knoblauch, Thymian
Olivenöl

Nehmt eine Auflaufform und legt hinein:
4 Zwiebeln, so wie sie sind mit Schale; Möhren,
geschält und in dicke Scheiben geschnitten,
die Scheiben sollten so dick sein wie eine
Gabel breit.

Die Aubergine schneidet ihr erst in dicke
Scheiben und dann halbiert oder viertelt ihr sie.
Alles in eine Auflaufform geben, in der das
Gemüse bequem
nebeneinander
Platz hat.

Gebt ein paar ungeschälte Knoblauchzehen und
ein paar Zweige Thymian dazu. Beträufelt alles
mit Olivenöl und mischt einmal durch, sodass
das Gemüse leicht mit dem Öl bedeckt ist.
Schiebt das für ungefähr 35 Minuten bei
180 °C in den vorgeheizten Ofen.

Das Gemüse sollte nun ganz
weich sein. Öffnet die Zwiebeln am
Wurzelende, also oben, wo so ein
kleiner Wuschel ist. Wenn ihr diesen
Wuschel entfernt habt, drückt ihr auf
die Schalen und das Fleisch der Zwiebeln
flutscht raus. Probiert es, es schmeckt köstlich!
Das gleiche beim Knoblauch.

1 Dose Kichererbsen
1 Stange Lauch, gewaschen und in Ringe geschnitten
2 Handvoll grüne Erbsen, tiefgekühlt
300 g Couscous
Brühe
Gewürze: 1 TL Koriander, ½ TL Kumin (Kreuzkümmel),
jeweils entweder gemahlen oder gemörsert: Ingwer, Knoblauch, Lorbeer, Pfefferkörner

Wenn ihr die Kichererbsen selber kochen möchtet, seht beim Hummus nach, wie das geht.

Für den Lauch und die Erbsen:

Gebt den Lauch mit 200 ml Wasser und ein wenig Salz in einen Topf und bringt das Wasser zum Kochen. Wenn das Wasser kocht, gebt ihr die Erbsen hinein und kocht es noch einmal auf. Kichererbsen hinzufügen, kurz warm werden lassen, dann alles durch ein Sieb abgießen.

Vermischt es mit dem anderen Gemüse und schmeckt alles mit den Gewürzen ab.

Für das Couscous

Gebt das Couscous in eine Pfanne und röstet es über mittlerer Flamme an, bis es anfängt zu duften. Herd ausschalten. Dann gebt ihr 1 TL Salz dazu, gießt 600 ml Wasser und 3 EL Olivenöl über das Couscous, rührt kurz um und lasst es ziehen, bis das Wasser aufgesaugt ist.

Mit dem Gemüse servieren.

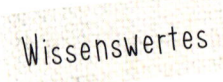

Kräuter und Gewürze

Kräuter

Bitte immer frisch verwenden. Von der Petersilie und dem Koriander könnt ihr die dünnen Stiele mithacken. Bei der Minze auf gar keinen Fall, da müsst ihr die Blätter einzeln abzupfen.

Petersilie: Es gibt krause und glatte Petersilie. Rund ums Mittelmeer verwendet man die glatte Variante, aber ihr könnt auch krause verwenden.

Dill: Dill ist beliebt in der skandinavischen und osteuropäischen Küche, aber auch in den Staaten am östlichen Mittelmeer.

Koriander: Bei Koriander scheiden sich die Geister, die einen lieben das Kraut, anderen verursacht es Brechreiz. Wenn ihr es nicht mögt, lasst es einfach weg.

Minze: Davon gibt es unzählige Arten. Kauft am besten marokkanische Minze. Pfefferminze schmeckt sehr nach Zahnpasta.

Gewürze

Kreuzkümmel: Wenn ihr jetzt bei der Erwähnung von „Kümmel" gleich denkt, igitt, den mag ich nicht: STOP. Kreuzkümmel sieht zwar so ähnlich aus wie Kümmel, ist aber kleiner und schmeckt ganz anders. Wenn ihr euch nicht sicher seid, was für einen Kümmel ihr habt, riecht daran. Oder probiert ihn eben. Fenchelsamen sehen auch so ähnlich aus, nur sind sie heller.

Koriandersamen: Koriander ist eine der wenigen Gewürzpflanzen, bei denen sowohl die Blätter als auch die Samen zum Würzen dienen.

Zimt: Zimtstangen sind die getrocknete Rinde vom Zimtbaum. Zimt war schon sehr früh ein sehr beliebtes Gewürz, nicht nur für Süßspeisen.

Gewürzmischungen

Baharat ist eine Mischung aus sieben Gewürzen, die aus dem Libanon stammt.

Ras el hanut ist eine marokkanische Mischung.

Za'atar besteht aus Thymian, Sesam, Salz und Sumach. Letztere sind zerkleinerte kleine, rote Beeren.

DIE BEILAGEN

Die Kornkammer in Ägypten

1.Mose/Genesis 42–47

Im Land Kanaan herrschte eine Hungersnot. Da schickte Jakob – ja, genau der, den ihr schon aus der Geschichte von Esaus Linsengericht kennt – seine zehn Söhne aus der Ehe mit Lea nach Ägypten, wo es noch Korn geben sollte. Seinen jüngsten Sohn Benjamin behielt er bei sich. Er hatte Angst, ihn zu verlieren, denn er war der einzige, der ihm aus seiner Ehe mit Rahel geblieben war. Benjamins älterer Bruder Josef war tot, so meinte Jakob zu wissen.

Die Brüder ritten auf ihren Eseln in das Land am Nil. Dort wurden sie zum Verwalter des Korns geschickt. Ihm erzählten sie von ihrer Not, doch er glaubte ihnen nicht und warf ihnen vor, spionieren zu wollen, zumindest sagte er es so.

Er ließ sie ins Gefängnis werfen, aber nicht ohne sich vorher danach zu erkundigen, wer ihr Vater sei und ob sie noch andere Brüder hätten. Ja, den Benjamin, aber der sei beim Vater geblieben, und ein weiterer Bruder sei tot. Schließlich ließ sich der Verwalter erweichen. Er gab ihnen Getreide, behielt aber einen der Brüder, Simeon, bei sich in Ägypten und befahl den anderen, wenn sie wiederkämen, ihren Bruder Benjamin mitzubringen.

So zogen sie zurück ins Land Kanaan. Unterwegs entdeckten sie, dass in ihren Säcken nicht nur Korn war, sondern auch das Geld, das sie dem Verwalter für das Korn gegeben hatten. Sie waren entsetzt, jetzt musste er ja glauben, sie seien Diebe. Wie würden sie ihren Bruder Simeon je wieder frei bekommen?
Nach einem Jahr war das Korn verbraucht, die Ernte aber war immer noch sehr schlecht und sie zogen wieder nach Ägypten, diesmal nahmen sie Benjamin mit. Jakob sträubte sich, seinen jüngs-

ten Sohn ziehen zu lassen, musste aber am Ende nachgeben, denn es war klar, dass der ägyptische Verwalter sonst kein Korn herausrücken würde.

Als sie wieder beim Verwalter waren, verhielt er sich sehr seltsam, als er Benjamin sah. Er lud sie zum Essen ein, akzeptierte die doppelte Menge Geld, weil sie ja das letzte Mal nichts gezahlt hatten, und ließ alle Brüder, auch Simeon und Benjamin, mit dem Korn wieder losziehen. Kaum aber hatten sie die Stadt verlassen, als ein Diener des Verwalters sie einholte. Er beschuldigte sie, den silbernen Kelch des Verwalters gestohlen zu haben. Nein, widersprachen sie, das hätten sie nicht. Da befahl der Diener, die Säcke der Brüder kontrollieren zu lassen, und siehe da, der Kelch wurde in Benjamins Sack gefunden.

Also mussten sie umkehren. Der Verwalter war sehr böse, versprach aber, sie ziehen zu lassen, wenn sie Benjamin, in dessen Sack der Kelch gefunden wurde, zurücklassen würden. Die Brüder wehrten sich heftig. Nicht noch einmal wollten sie einen Bruder verlieren. Das würde ihren Vater umbringen. Sie hatten nämlich ihren Bruder Josef, auf den sie neidisch waren, weil er Jakobs Lieblingssohn war, an Händler, die nach Ägypten zogen, verkauft und dem Vater erzählt, er sei von einem wilden Tier gerissen worden.

Also bot sich Ruben an, anstelle von Benjamin in Ägypten zu bleiben. Da schickte der Verwalter sie aus dem Haus. Von draußen hörten sie ihn laut weinen. Als er schließlich herauskam, sagte er ihnen, dass er sie schon beim ersten Besuch erkannt hatte, er sei ihr tot geglaubter Bruder Josef. Aber erst, als er merkte, dass sie ihre Tat bereuten, gab er sich ihnen zu erkennen.

Auf die Frage, wie es ihm ergangen sei, erzählte Josef seine Geschichte. Nachdem seine älteren Brüder ihn verkauft hatten, landete er bald unschuldig im Gefängnis. Aber Dank seiner besonderen Gabe, mit Gottes Hilfe Träume zu deuten, wurde er eines Tages zum Pharao gerufen, der Seltsames geträumt hatte: Im Traum hatte er gesehen, wie sieben magere Kühe sieben fette Kühe fraßen und sieben verdorrte Ähren sieben pralle Ähren vertilgten. Josef erklärte ihm, dass die fetten Kühe und Ähren sieben fette Jahre mit guter Ernte bedeuteten, denen aber sieben Jahre mit Missernten folgen würden.

Da vertraute der Pharao ihm und machte ihn zum Verwalter des Korns, damit in den sieben fetten Jahren genug gespeichert würde, um die sieben mageren Jahre zu überstehen.

Josef ließ seinen Vater Jakob und seine Familie nach Ägypten kommen. Dort ging es ihnen gut.

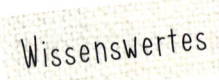

Hefe

Hefen sind Mikroorganismen, die überall verbreitet sind. Das ist nichts Schlimmes, denen müsst ihr nicht mit Desinfektionsmittel auf den Leib rücken. Sie sind einfach da.

Wenn ihr Mehl mit Wasser mischt und den Brei stehen lasst, dann fängt er nach einiger Zeit an, Bläschen zu bilden, und nach ein paar Tagen habt ihr Sauerteig. Okay, ganz so einfach ist es nicht, ihr müsst den Teig ungefähr eine Woche lang jeden Tag füttern – mit Mehl und Wasser. Für die Aktivitäten im Sauerteig sind Hefe und Milchsäurebakterien verantwortlich.

Die Hefe frisst Kohlenhydrate, genauer gesagt Zucker, und scheidet dann Kohlendioxid – abgekürzt CO_2 – aus. (Keine Sorge, das ist ein natürlicher Prozess und hat keine Schuld am Klimawandel.)

In der Bibel ist von gesäuertem und ungesäuertem Brot die Rede, also Brot mit und ohne Sauerteig, mit und ohne Hefe. Bei der Flucht aus Ägypten mussten die Israeliten aus ungesäuertem Teig ihre Fladenbrote backen, weil sie in Eile waren. Ein ungesäuertes Brot, das wir heute kennen, sind zum Beispiel mexikanische Weizentortillas, die man für Wraps verwendet.

REZEPTE FÜR BEILAGEN

Fladenbrot

Für 20 kleine oder 10 größere Fladenbrote:
500 g Mehl
1 TL Salz und 1 TL Zucker
1 Päckchen Trockenhefe
300 ml Wasser

Mischt das Mehl mit dem Salz, dem Zucker und der Hefe. Dann mischt ihr das Wasser langsam unter Rühren ins Mehl.

Wenn sich Mehl und Wasser verbunden haben, fangt ihr an zu kneten, entweder mit einem Rührgerät oder mit den Händen.
Nach ein paar Minuten – der feuchte Teig wird euch an den Händen kleben – kratzt ihr den Teig so gut es geht von euren Händen. Wascht euch die Hände und trocknet sie gut ab.

Dann bemehlt ihr die Hände, streut ein bisschen Mehl auf die Arbeitsplatte, legt den Teig darauf und wendet ihn, damit er rundum leicht mit Mehl bedeckt ist. Zunächst vorsichtig kneten, ihr werdet sehen, jetzt klebt der Teig nicht mehr so stark an den Händen. Kneten, bis ihr einen schönen, glatten Teig habt, so ungefähr 10 Minuten. Wenn ihr unsicher seid, fragt eure Assistenten. Teig in eine Schüssel legen, ein sauberes Geschirrtuch darüber decken und 1 Stunde gehen lassen. „Gehen lassen" bedeutet, dass sich der Teig aufbläht, es sieht so aus, als hättet ihr dann mehr Teig.

Dann boxt ihr den Teig zusammen, knetet ihn kurz und teilt ihn in 20 etwa gleich große Stücke.  Ihr könnt eine Waage zur Hilfe nehmen. Ihr solltet ungefähr 800 g Teig haben, also sollte jedes Stück ungefähr 40 g wiegen (800 geteilt durch 20 – da seht ihr, wozu Mathe gut ist!).

Diese Teigstücke rollt ihr aus, rund, länglich oder irgendwie ausgerollt. Für das Ausrollen wieder ein bisschen Mehl auf der Arbeitsfläche und auf dem Nudelholz verteilen, damit der Teig nicht anklebt. Jetzt habt ihr dünne Fladen.

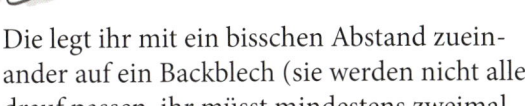

Die legt ihr mit ein bisschen Abstand zueinander auf ein Backblech (sie werden nicht alle drauf passen, ihr müsst mindestens zweimal backen) und backt sie in einem auf 220 °C Umluft vorgeheizten Backofen 3–6 Minuten. Öfen backen sehr unterschiedlich, guckt lieber öfter nach.

Ihr könnt auch Chips aus so einem gebackenen Fladen machen. Dazu schneidet ihr den Fladen erst in Streifen (3 cm breit) und dann die Streifen in Quadrate (Rechtecke und Dreiecke schmecken genauso gut).
Die gebt ihr in eine Auflaufform und schiebt sie in den vorgeheizten Ofen. Umweltfreundlich ist, wenn ihr Chips macht, während irgendetwas anderes backt.
Nach 7–8 Minuten könnt ihr nachschauen, ob die Chips richtig knusprig sind, und zwar alle. Halb knusprig gilt nicht, die müssen wieder rein.

Semmelknödel

(auch Serviettenknödel genannt)

Ihr glaubt, dass Jesus keine Semmelknödel gegessen hat? Wahrscheinlich nicht. Aber irgendwas müssen die Leute früher mit altem Brot gemacht haben, denn sie haben – im Gegensatz zu uns heutzutage – nichts weggeschmissen, Lebensmittel waren viel zu wertvoll.

Also, theoretisch hätte Maria ihrem Sohn diese Knödel kochen können, denn sie hatte sicherlich altes Brot, Milch und Eier. Und bittere Kräuter, denn die gehören zum Seder. Wir nehmen Petersilie.

Ihr braucht ein sauberes Geschirrtuch, um die Knödelmasse einzurollen. Riecht daran: Duftet es nach Waschmittel oder Weichspüler? Dann müsst ihr es gründlich mit warmem Wasser auswaschen (ohne Seife!).
Gut auswringen.

Zutaten für 4 Personen:
1 Zwiebel
Butter
6 Brötchen vom Vortag
150 ml Milch
½ Bund Petersilie
2 Eier
1 TL Salz
Pfeffer und Muskat

Zerlasst die Butter in einer Pfanne bei geringer Hitze, während ihr die Zwiebel würfelt. Auf einer anderen Kochplatte stellt ihr einen breiten Topf mit Wasser auf. Sobald das Wasser kocht, dreht ihr die Hitze herunter.
Wenn ihr noch nie eine Zwiebel gewürfelt habt, lasst es euch von eurem Assistenten zeigen. Gebt die Zwiebel in die Pfanne.

Während sie so langsam vor sich hin schwitzt, schneidet ihr die Brötchen erst in Scheiben und dann in Würfel. Hört dabei auf die Zwiebel: Fängt sie an zu brutzeln, müsst ihr umrühren, sie soll nicht braun werden.

Die Brötchenwürfel gebt ihr in eine Schüssel. Rührt die Milch und die Eier hinein. Würzt mit Salz, Pfeffer und Muskat. Hackt die Petersilie. Mischt sie zusammen mit der Zwiebel unter die Semmelmischung.

Breitet das Geschirrtuch auf der Arbeitsfläche aus. Es sollte quer vor euch liegen. Verteilt die Semmelmasse mit den Händen am unteren Rand. Drückt dabei die

Masse zusammen, damit sie eine schöne Wurst ergibt und nicht zu locker ist. Jetzt rollt ihr die Masse fest in das Geschirrtuch ein. Bindet das Tuch an beiden Enden mit einer Schnur ab.

Versenkt die Wurst in dem leicht köchelnden Wasser. Nach 20 Minuten ist der Serviettenknödel gar. Mit einer Zange herausfischen, auswickeln (vielleicht einen Augenblick warten, bis ihr das Tuch anfassen könnt) und in Scheiben schneiden.

Gurkensalat

Hierfür braucht ihr:
1 Gurke
Salz
frische Minze oder Dill
1 EL Weißwein- oder Apfelessig
2–3 EL Olivenöl
1 kleiner Becher (150–250 ml) Joghurt
Pfeffer aus der Mühle

Die Gurke könnt ihr schälen oder auch nicht. Ich würde sie nicht schälen, wenn es sich um eine Biogurke handelt. Aber waschen müsst ihr sie auf jeden Fall.

Dann hobelt ihr die Gurke. Fragt euren Assistenten, welcher Hobel sich eignet.

Salzt die gehobelte
Gurke mit
3 Prisen Salz.

Eine Prise
ist die Menge,
die ihr mit den
Fingerspitzen
von Daumen,
Zeige- und Mittelfinger
zu fassen bekommt.

Hackt die
Kräuter und
mischt sie
unter den
Joghurt.

Jetzt gebt ihr Öl
und Essig dazu.

Fangt immer mit
der kleineren
Menge an, mischt
und probiert.
Falls mehr nötig
ist, gebt mehr dazu.

Dann vermischt ihr die Gurken
mit dem Joghurt.

Karottensalat

Ideal für die Winterküche

Hierfür braucht ihr:
500 g Karotten
2 Bio-Orangen
1–2 EL Akazienhonig
½ Zitrone, ausgepresst
Orangenblütenwasser
Zimt
Walnusskerne
Rosinen

Schält und raspelt die Karotten grob.

Von einer Orange reibt ihr mit einer feinen Reibe die Schale ab. Danach presst ihr sie aus.

Die andere schält ihr und schneidet sie in Stücke.

Gießt den Saft über die Karotten, träufelt auch noch etwas Zitronensaft darüber, dann 2 EL Akazienhonig und ein paar Tropfen Orangenblütenwasser (Achtung! Sehr intensiv!).

Gebt die Orangenstücke dazu und mischt. Zum Schluss bestäubt ihr den Karottensalat mit ein bisschen Zimt und streut die Walnüsse und/oder Rosinen darüber.

Joghurtsoße

Mir schmeckt der griechische oder türkische Joghurt (Süzme) am besten.

Warum? Er enthält mehr Fett und ist deswegen cremiger. Ist er deswegen ungesund? Nein.

Wenn ihr 100 g Joghurt esst, dann sind 10 g Fett darin. Wenn ihr 100 g Pommes esst, sind 15 g Fett darin.

15 g Fett

Und 100 g Joghurt ist eine ordentliche Portion, 100 g Pommes sind dagegen eher mickrig.

Und mit Joghurt könnt ihr ganz leicht tolle Soßen machen.

10 g Fett

Für alle Soßen braucht ihr:
500 g Joghurt
½ TL Salz
2–3 EL Olivenöl

Kippt den Joghurt in eine Schüssel. Gebt Salz und Olivenöl dazu.

Umrühren. Probieren. Schmeckt er?

66

Dann könnt ihr weitere Zutaten dazugeben.
Vielleicht nur eine davon, aber wenn ihr Lust
habt auch zwei oder drei.

Probiert verschiedene
Kombinationen!

4 EL Tahin
Sesampaste

und/oder Abrieb von
einer Zitrone

und/oder
2 Zehen Knoblauch
hineinreiben

und/oder
1 TL getrocknete Minze
und/oder 3 EL frische,
gehackte Minze

Ihr könnt auch von allem mehr nehmen.

1 Gurke
grob raspeln.

1 TL Salz darüber-
streuen und mischen.
20 Minuten stehen
lassen.

Dann die Gurke über
der Spüle in ein Sieb
kippen. Auspressen.
Ganz schön viel
Wasser, das das Salz
aus der Gurke
gezogen hat.

Jetzt die Gurke
in den Joghurt
mischen.

Küchenwerkzeuge

Mörser und Mühlen

Einen Mörser habt ihr vielleicht zu Hause. Er besteht aus einer schweren Schüssel und einem Stößel, um Gewürze zu Pulver zu zerreiben. Es handelt sich um ein uraltes Werkzeug, dessen Technik sich überhaupt nicht verändert hat.

Wenn ihr an eine Mühle denkt, kommt ihr vielleicht nicht gleich darauf, dass sie auf das gleiche Urwerkzeug zurückgeht wie der Mörser. Ist aber so. Unsere Urahnen zermahlten auch das Getreide zwischen zwei Steinen.

Zu biblischen Zeiten gab es bereits Wassermühlen und Mühlen, die von Tieren, oft Eseln, angetrieben wurden. Aber ihr könnt davon ausgehen, dass die einfachen Menschen das Korn von ihren eigenen Feldern noch mit Handmühlen gemahlen haben.

Besteck

Löffel und Messer gab es bereits in der Steinzeit. Die Messer waren aus Stein, die Löffel bestanden aus Holz oder Knochen. Zu biblischen Zeiten wurde schon Metall verwendet, aber die armen Menschen verwendeten weiterhin Löffel aus Holz. Und jeder Mensch hatte einen eigenen. Kennt ihr den Ausdruck „den Löffel abgeben" für Sterben? Der Löffel war so wichtig, dass man ihn erst aufgab, wenn man ihn nicht mehr brauchte.

Gabeln zum Essen sind erst ab der Renaissance um 1600 in Mode gekommen, aber als Gerät zum Aufspießen wurden sie bereits in der Bibel erwähnt. Im ersten Buch Samuel wird beschrieben, wie sich die Priester unrechtmäßig bedienten: Wenn jemand ein Opfermahl zubereitete, „schickten sie ihren Gehilfen mit einer großen dreizinkigen Gabel. Er stach damit in den Kessel, den Kochtopf, die Pfanne oder die Schüssel, und alles, was an ihr hängen blieb, bekam der Priester." (1.Samuel 2,13-14)

DIE NACHSPEISEN

Die Frucht vom Baum

1.Mose/Genesis 2,4b–3,24

Das Paradies war ein wunderbarer Garten. Diesen Garten, Eden genannt, vermuten viele im Zweistromland, dort, wo die Flüsse Eufrat und Tigris fließen. Heute heißt dieses Land Irak. Ihr dürft euch das Paradies nicht so vorstellen wie das Schlaraffenland: Im Schlaraffenland gibt es gekochtes Essen wie gebratene Tauben oder den Berg aus süßem Brei, durch den man sich durchfressen muss, um hineinzukommen.

In der biblischen Geschichte vom Paradies wird davon erzählt, wie Menschen und Tiere zusammenleben. Adam und Eva sammelten Früchte und Samen und lebten so von der Hand in den Mund. Das Wissen, wie man kocht, besaßen sie noch nicht.

Gott sagte zu Adam und Eva, dass sie die Früchte und Samen aller Pflanzen im Garten Eden essen dürften, allerdings gab es eine Ausnahme. Das war der Baum in der Mitte des Gartens, der Baum der Erkenntnis von Gut und Böse.

Oft wird gesagt, dass es sich um einen Apfelbaum handelte, aber die Wissenschaftler von heute bezweifeln das, sie meinen, damals gab es dort gar keine Äpfel. Vielleicht war es ein Feigen-, ein Aprikosen- oder ein Granatapfelbaum.

Aber wie ihr sicher wisst, sind die verbotenen Früchte die interessantesten.
Und im Baum der Erkenntnis hing eines Tages eine Schlange, die zischelte Eva zu: Warum isst du denn nichts von diesem Baum? Und Eva antwortete: Weil Gott es uns verboten hat! Ach was, säuselte die Schlange. Das hat er nicht so gemeint. Er will nur nicht, dass ihr klug werdet, er will sein Wissen nicht mit euch teilen.

Jetzt war Eva erst recht neugierig geworden und ließ sich nicht lange bitten. Sie wollte endlich wissen, was es mit dieser Erkenntnis auf sich hatte. Sie nahm sich eine Frucht, aß davon und bot sie Adam an, der herzhaft zubiss.

Das Erste, was passierte, nachdem die beiden von der verbotenen Frucht genascht hatten, war, dass sie sich für ihre Nacktheit genierten. Schnell verknoteten sie ein paar Feigenblätter und bedeckten damit die Stellen, die ihr auch im Schwimmbad bedeckt, ihr wisst schon.

Dann hatten die beiden zum ersten Mal Angst. Als sie hörten, wie Gott durch den Garten schritt, versteckten sie sich. Doch Gott fand sie und warf sie aus dem Paradies. Ab jetzt mussten sie für sich selbst sorgen.

Sie bekamen zwei Söhne, Kain und Abel. Kain wurde Bauer und bestellte die Felder, Abel züchtete Vieh. Sie lernten auch zu kochen, denn sie begannen zu verstehen, was das Feuer mit den Lebensmitteln macht, und daraus zu lernen. Doch das ist eine andere Geschichte.

Zitrusfrüchte

Die ursprünglichen Zitrusfrüchte, aus denen wir alle anderen gezüchtet haben, die wir heute essen, sind Zitronatzitrone und eine Frucht namens Pomelo, die aussieht wie eine große Grapefruit. Beide Früchte werden heute noch angebaut.

Wenn ihr beim Kochen ausgeprägten Zitronen- oder Orangengeschmack wollt, dann müsst ihr die Schale nehmen. Und zwar müsst ihr sie dünn mit einer Reibe abreiben, möglichst ohne die weiße, pelzige Schicht darunter. Die ist nämlich bitter. Wenn ihr fertig seid, sollte die Zitrone noch gelb schimmern und die Orange noch leicht orangefarben sein.

Der Saft von Zitrusfrüchten schmeckt natürlich auch leicht nach Zitrone, Limette, Orange oder Grapefruit, aber außerdem enthält er Säure.

Wenn ihr nur den Saft braucht, dann könnt ihr die farbige Schale dünn mit einem Sparschäler abschälen, wieder möglichst ohne viel von der weißen Schicht. Dann legt ihr die dünnen Streifen 2–3 Tage auf einen Teller, und zwar so, dass sich die einzelnen Streifen nicht berühren. Wenn sie ganz trocken sind, füllt sie in ein Glas. Wenn ihr dann mal Zitrusschale braucht, könnt ihr sie in einer Küchenmaschine mahlen und verwenden.

REZEPTE FÜR NACHSPEISEN

Feigendessert

Hierfür braucht ihr:
4 Feigen
2 TL Butter
2–3 Prisen Zucker
350 g Naturjoghurt
1 EL Honig oder Dattelsirup
1 Tütchen Vanillezucker

Frische, reife Feigen sind
wunderbar.
Und wenn ihr gute habt,
könnt ihr sie einfach
so essen.

Manche Leute
schälen sie, aber ich
finde das überflüssig.
Aber halbiert sie,
dann sehen sie schöner aus.

Weil aber nicht
alle Feigen
reif zu uns kommen,
schmecken sie oft eher
uninteressant, auch wenn
sie schön aussehen.

Um den Geschmack
zu verbessern, kann
man sie braten.

Nehmt dazu am besten eine Pfanne mit hellem Boden.

Das serviert ihr dann mit Naturjoghurt, in den ihr Honig oder Dattelsirup träufelt und mit dem Schneebesen etwas Vanillezucker unterrührt.

Da gebt ihr 2 TL Butter hinein und zerlasst sie über mittlerer Hitze, bis sie ganz leicht braun wird, streut etwas Zucker hinein und bratet die Feigen darin.

Obstsalat

Hierfür braucht ihr:

500–600 g Obst, zum Beispiel:

Äpfel

Birnen

Bananen

Granatapfel

Zitronensaft

Für das Dressing:

Orangen, Haselnüsse, Mandeln

flüssigen Honig, z.B. Akazien- oder Robinienhonig (ist derselbe Honig)

Presst den Saft einer Orange aus. Mischt ihn mit ein bisschen Honig.

Die Nüsse hacken – oder in ein (sauberes!) Geschirrhandtuch geben und mit dem Nudelholz darüber rollen, um sie zu zerkleinern.

Die Nüsse dann in den Orangensaft und den Honig mischen. Das ist euer Dressing.

Die Früchte kleinschneiden. Wenn ihr noch nie einen Apfel entkernt und kleingeschnitten habt, dann holt euren erwachsenen Assistenten und lasst es euch zeigen.

Beträufelt das geschnittene Obst mit Zitronensaft, damit es nicht braun wird.

Joghurtsahne

Nehmt Sahnejoghurt und gebt ihn in eine Schüssel.
Etwas Zucker oder Sirup dazu gießen und mit dem Schneebesen cremig rühren.
Schmeckt toll zum Obstsalat!

Passt auf beim Granatapfel, der kann ordentlich spritzen.
Am besten alte, dunkle Klamotten anziehen.

Ritzt ihn ringsum, dort, wo er am dicksten ist, leicht mit einem kleinen Messer ein. Dann schiebt ihr eure Finger in den Granatapfel und versucht ihn auseinanderzubrechen. Wenn er auseinandergebrochen ist, zerteilt ihr ihn noch einmal in Segmente. Puhlt die Kerne heraus.

Das Obst mit dem Dressing vermischen.

Hirsebrei

Hierfür braucht ihr:

150 g Hirse
600 ml Milch
1 Prise Salz
30 g Zucker

Kippt die Hirse in ein feinmaschiges Sieb und lasst ungefähr eine Minute lang kaltes Wasser darüber laufen.

Damit wascht ihr die Bitterstoffe aus der Hirse heraus.

Gebt die Hirse in einen Topf und gießt die Milch dazu.

Über mittlerer Hitze zum Kochen bringen. Beobachtet die Milch ständig, denn wenn Milch anfängt zu kochen, steigt sie hinauf zum Topfrand und kocht über.

Das wollt ihr bestimmt nicht, denn es ist eine Riesensauerei und stinkt außerdem fürchterlich.

Sobald ihr seht, dass die Milch anfängt zu sprudeln, stellt ihr die Hitze so klein, wie es geht.

Wenn ihr seht, dass der Herd nicht so schnell reagiert – bei Elektroherden ist das oft so –, dann zieht ihr den Topf von der Platte und stellt ihn erst wieder darauf, wenn die Milch sich beruhigt hat.

Jetzt lasst ihr die Hirse über niedrigster Flamme 15–20 Minuten quellen. Gelegentlich umrühren.

Dabei könnt ihr einmal zwischendurch Salz und Zucker hineinrühren.

Statt Kuhmilch könnt ihr auch Pflanzenmilch oder Saft verwenden.

Wenn ihr Hirse als Beilage zu einem herzhaften Gericht servieren wollt, z. B. wenn Freunde zu Besuch sind, die kein Gluten vertragen, nehmt ihr einfach Wasser (und ein bisschen Salz) oder Brühe statt Milch.
Wenn euch der Brei nicht süß genug ist, könnt ihr hinterher noch etwas mehr Zucker darüber streuen.

Wenn euch der Brei zu fest ist, könnt ihr ihn auch nach dem Kochen mit etwas Flüssigkeit auflockern.

Serviert den Brei mit Kompott.

Bienenstich

Ein Kuchen mit einem Honig-Mandelguss – ohne Pudding

Bienenstich gab es wahrscheinlich nicht zu biblischen Zeiten, es hätte ihn aber geben können.
Allerdings ohne Zucker, der kam erst ein paar hundert Jahre später.
Damals hätte man nur Honig oder Sirup benutzt.

Für den Teig:
½ Würfel Hefe
30 g Zucker
150 ml Milch
40 g Butter
350 g Mehl
Prise Salz
1 Ei

Zusätzlich: 1 Springform, Durchmesser 28 cm, ausgebuttert

Die Hefe und einen Teelöffel Zucker mit einer Gabel zerdrücken und 1–2 Minuten rühren, bis sie flüssig wird.

Die Milch handwarm erwärmen. Vom Herd nehmen, die Butter dazugeben, damit sie schmilzt. Die Milch darf nicht heiß sein, weil sonst die Hefe unbrauchbar wird und der Teig nicht mehr aufgeht.

Das Mehl mit Salz und dem restlichen Zucker vermengen.

Das Ei und die aufgelöste Hefe in der Milch verschlagen.

Langsam in das Mehl gießen und dabei mit den Händen oder in einer Küchenmaschine mit Knethaken vermischen. Eventuell braucht ihr hier einen Assistenten. Einen glatten Teig daraus kneten.
Mit einem Tuch abdecken und 1 Stunde gehen lassen.

Den Teig in die gebutterte Springform geben.

Für den Mandelguss:
60 g Zucker
60 g Akazienhonig
75 g Butter
30 ml Milch
100 g gehobelte Mandelblättchen

Alle Zutaten bis auf die Mandeln aufkochen. Von der Flamme nehmen und Mandeln unterrühren. Sofort auf dem Kuchen verteilen.

Ca. 25–30 Minuten bei 180 °C backen.

Zimtschnecken

Für den Teig:
270 ml lauwarme Milch
1 Packung Trockenhefe für 500 g Mehl
100 g Butter
100 g Zucker
500 g Mehl

Vermengt die Zutaten gut, knetet den Teig etwas. Dann müsst ihr den Teig „gehen lassen": Gebt ihn in eine Schüssel, bedeckt die Schüssel mit einem Tuch und stellt sie an einen warmen Ort, bis sich der Teig deutlich aufgebläht hat. Wenn es warm ist, dauert das etwa eine Stunde.

Die sehr weiche Butter mit Zucker und Zimt verrühren.

Den Teig rechteckig ausrollen, mit der Füllung bestreichen, von der Längsseite her zusammenrollen, in 12 Stücke schneiden. Wenn ihr möchtet, könnt ihr sie mit Milch bestreichen.

Setzt sie in eine 26 cm große, runde Backform, die ihr mit Backpapier ausgelegt habt, das an den Seiten mindestens 2 cm hoch reicht.

Sie dürfen sich aneinander kuscheln.

Im heißen Ofen bei 180 °C (Umluft) 20–25 Minuten backen.

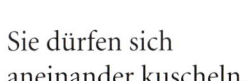

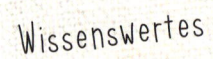

Das Anlegen von Vorräten

In biblischen Zeiten haben die Menschen von dem gelebt, was sie selber angebaut haben. Aber sie mussten nicht nur sich selber ernähren, sondern auch den Staatsapparat füttern und an die Armen abgeben. Steuern hat man bezahlt, indem man den Zehnten – also zehn Prozent der Ernte und der Tiere, die man hatte – dem Herrscher überließ.

Nach der Ernte musste man ein ganzes Jahr von dem leben, was die Felder hergegeben hatten. In der Geschichte von Josef habt ihr gesehen, was passierte, wenn die Ernte schlecht ausgefallen ist.

Aber selbst bei einer guten Ernte war es nicht einfach, die Lebensmittel zu lagern. Kühlung gab es nicht. Außerdem gab es Mäuse, die schon damals gern Getreide naschten. Also hat man vieles in Amphoren (das sind flaschenartige Tongefäße) gelagert, nicht nur Flüssiges wie Wein oder Öl, sondern auch Getreide oder Datteln. Außerdem hatten die mit ihren zwei Henkeln links und rechts den Vorteil, dass man sie gut transportieren konnte.

Zusätzlich hat man Lebensmittel, wenn möglich, getrocknet oder eingesalzen. Einige dieser Methoden haben sich bis heute gehalten. Rosinen und Backpflaumen kennt ihr bestimmt.

ANHANG

Lisa Shoemaker

Lisa Shoemaker, Tochter eines Amerikaners und einer Deutschen, ist in New York geboren und lebt in Berlin. An der FU-Berlin studierte sie Germanistik und Amerikanistik. Gepaart mit ihrer kulturellen Affinität gibt sie ihr kulinarisches Wissen in Kochkursen bei „Goldhahn und Sampson" weiter und hat bereits mehrere Kochbücher veröffentlicht, in denen sie Rezepte und Kulturelles erläutert. Die Idee zum „Kochen mit biblischen Zutaten" beruht auf dem von ihr entwickelten Kurs für Kinder. Dabei verwendet sie nur Zutaten, die um die Zeitenwende im Vorderen Orient verfügbar waren. Dass manchen Kindern und Erwachsenen Basiswissen fehlt, fällt Shoemaker immer wieder bei ihren Kochkursen auf. Durch die Einbindung einiger Kochgrundsätze vermittelt sie zudem ein besseres Verständnis der Vorgänge in der Küche. Und ganz nebenbei entstehen leckere und abwechslungsreiche Gerichte.

Evi Gasser

Evi Gasser ist gelernte Grafikerin und Illustratorin. Was sie künstlerisch antreibt, ist die Liebe zu schön gestalteten Dingen. Schon als Kind entdeckte sie ihre Begeisterung für das Zeichnen und Malen. In ihren ersten beruflichen Stationen arbeitete sie als Zeitungslayouterin und Werbegrafikerin – dann wagte Evi Gasser den Sprung in die Selbständigkeit. Inzwischen sind ihre bunten Zeichnungen, liebenswerten Maskottchen und vielfältigen Illustrationen in über 50 Kinderbüchern zu finden. Mit ihrem Mann und den Kindern wohnt und arbeitet sie in Kastelruth, einem Südtiroler Bergdorf am Fuße der Dolomiten. Weitere Informationen unter www.evigasser.com.

Eigene Notizen und Rezepte

Eigene Notizen und Rezepte

Die Deutsche Bibelgesellschaft ist eine kirchliche Stiftung des öffentlichen Rechts. Sie übersetzt die biblischen Schriften, entwickelt und verbreitet innovative Bibelausgaben und eröffnet für alle Menschen Zugänge zur Botschaft der Bibel. International verantwortet sie die wissenschaftlichen Bibelausgaben in den Ursprachen. Durch die Weltbibelhilfe unterstützt sie in Zusammenarbeit mit dem Weltverband der Bibelgesellschaften (United Bible Societies) weltweit die Übersetzung und Verbreitung der Bibel, damit alle Menschen die Bibel in ihrer Sprache lesen können. Weitere Informationen finden Sie unter www.die-bibel.de

Alle Rezepte in diesem Buch wurden sorgfältig geprüft und
sind bereits in vielen Kinderkochkursen nachgekocht worden.
Dennoch kann der Verlag keine Haftung und Gewähr übernehmen.

ISBN 978-3-438-04700-7

© 2021 Deutsche Bibelgesellschaft, Stuttgart
Texte und Rezepte: Lisa Shoemaker
Lektorat: Christiane Herrlinger
Illustrationen, Gestaltung und Satz:
Evi Gasser, Kastelruth
Redaktion: Mathias Jeschke
Druck: Appl, Wemding